目次

1. 労働災害はなぜ起きる？ ……………… 3
2. ルールを守ろう ……………………… 4
3. 作業に適した服装で身なりを整えて ……… 5
4. 保護具は必ず着用 …………………… 6
5. 決められた通路を歩く ………………… 7
6. 作業場はいつもきれいに ……………… 8
7. 作業手順とは？ ……………………… 9
8. 作業手順は必ず守る ………………… 10
9. 機械の動いている部分には手を出さない … 11
10. 安全装置は無効にしない ……………… 12
11. 作業の前には必ず点検 ………………… 13
12. 小さな異常も報告を …………………… 14
13. 異常があれば，止める・呼ぶ・待つ ……… 15
14. 電気は怖い。感電注意 ………………… 16
15. 有害物はルールを守って取り扱う ……… 17
16. 健康診断は必ず受けよう ……………… 18
17. 災害を発見したら，まずまわりに知らせる … 19
18. 救助は安全を確保してから …………… 20
19. ストレスには早めのケアを …………… 21
20. わからないときは「わかりません」 ……… 22

本書のイラストには，
右記の順で各国語を配置しています。

日本語
ベトナム語
ミャンマー語
ネパール語
クメール（カンボジア）語

1．労働災害はなぜ起きる？

職場でケガや病気となる労働災害は，どうして起きるのでしょうか。
ほとんどの労働災害は，機械や作業場所などの不安全な状態（危ない状態）と，作業者の不安全な行動（危ない行動）が同じ場所で同時に起きたときに発生します。労働災害を防止するには，不安全な状態や不安全な行動をなくすことが大切です。

不安全な状態

Tình trạng không an toàn

မလုံခြုံသောအခြေအနေ

असुरक्षित अवस्था

ស្ថានភាពអសុវត្ថិភាព

不安全な行動

Hành động không an toàn

မလုံခြုံသောအပြုအမူ

असुरक्षित गतिविधि

សកម្មភាពអសុវត្ថិភាព

労働災害

Tai nạn lao động

အလုပ်သမားထိခိုက်မှု

श्रम दुर्घटना

គ្រោះថ្នាក់ការងារ

やさしい日本語で学ぶ

初めて日本で働く方のための

安全・健康に仕事をする 1

ベトナム語　ミャンマー語　ネパール語　クメール語　対応

安全カバー！
Vỏ bọc an toàn！
လုံခြုံရေးအဖုံး！
सुरक्षा कभर！
គម្របសុវត្ថិភាព！

中央労働災害防止協会

はじめに

あなたがこれから働く職場では，

自分勝手な作業をしたり，必要な注意をしなかったりすると

ケガをしたり，病気にかかったりすることがあります。

そこで職場では，

安全のためのルールが決められています。

このルールは必ず守らなければなりません。

この本は，初めて日本で働く方のために，

仕事でケガや病気をしないための安全のルールを

やさしく説明したものです。

わからないところがあれば，職場の上司にどんどん質問し，

ルールを守って，安全に健康に働きましょう。

2. ルールを守ろう

不安全な状態や不安全な行動を防ぐために、職場では安全のルールが決められています。これを守ることで、ケガをしたり病気になったりすることを防ぐことができます。ルールは必ず守りましょう。

3．作業に適した服装で身なりを整えて

　自分の身なりにも気をつけましょう。
　作業服は，作業がしやすく，身を守るものです。ボタンを外したり，すそを出したままだと，機械に巻き込まれるおそれがあります。
　作業を開始する前に，作業者同士で向かい合って，お互いにチェックし合いましょう。

４．保護具は必ず着用

保護具の着用が決められている作業では，必ず着用しなければいけません。

「めんどうくさい」といって着用しないと，ケガをしたり病気にかかったりします。

決められた保護具を，正しく着用しましょう。

5．決められた通路を歩く

職場では，材料や製品を運ぶフォークリフトや台車などがひんぱんに動いています。
歩くときは，必ず，決められた安全通路を歩くようにしましょう。

6. 作業場はいつもきれいに

　作業場が散らかっていると，つまずいて転んだり，積み上げた荷が崩れたりして，労働災害が起きます。整理（いらない物は捨てる）・整頓（決められたところにしまう）・清掃（きれいに掃除する）・清潔（きれいな状態を保つ）（４Ｓ）を心がけ，作業場をきれいにすることは，安全の基本です。

整理・整頓・清掃・清潔

Sắp xếp, sàng lọc, quét dọn, sạch sẽ

အမျိုးအစားခွဲပါ။ အစီအစဉ်တကျထားပါ။ သန့်ရှင်းပါ။ စံနှုန်းစစ်ဆေးပါ။

व्यवस्थित रूपमा मिलाएर राख्ने र सरसफाइ गर्ने

រៀបរយ មានសណ្តាប់ធ្នាប់ ស្អាតបាត មានអនាម័យ

7. 作業手順とは？

職場では，一つひとつの作業について，安全に作業を行う順序・方法など，やり方が決められています。これをまとめたものが作業手順です。
作業手順は，作業を安全に効率よく行えるように作られています。

8. 作業手順は必ず守る

作業手順どおりに行わないと,作業がやりにくかったり,ケガをしたり,不良品が発生したりします。
　また,身体が痛くなったり,ひどく疲れてしまったりします。
　作業手順は必ず守らなければなりません。めんどうくさいと思っても,勝手に変えてはいけません。

９．機械の動いている部分には手を出さない

　ゆっくりとした動きであっても，動いている機械に近づいたり，触れたり，手を入れたりしてはいけません。
　機械に巻き込まれたり，挟まれたりします。

10. 安全装置は無効にしない

職場の機械・設備には,安全カバーや安全装置が取り付けられています。勝手にカバーを取り外したり,安全装置を無効にしたりしては,絶対にいけません。

修理などのために許可を得てカバーを外したときも,終了後はすぐに元どおりに取り付けます。

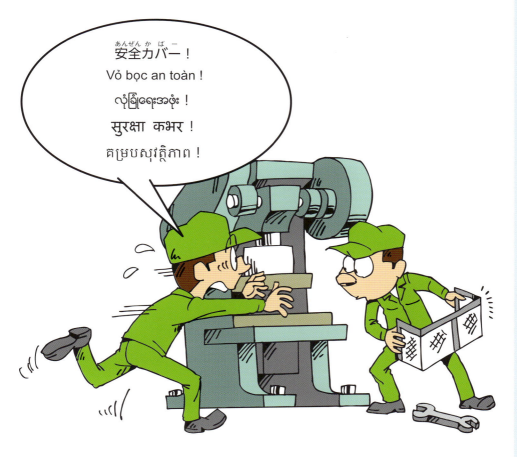

安全カバー！
Vỏ bọc an toàn !
လုံခြုံရေးအဖုံး !
सुरक्षा कभर !
គម្របសុវត្ថិភាព !

11. 作業の前には必ず点検

作業を始める前に、機械・設備や工具の点検を行います。
変形や傷、ゆるみ、異常音などがあると、故障したり、労働災害が起きることもあります。
決められた項目について、異常がないことを確認してから、一日の作業を開始しましょう。

12. 小さな異常も報告を

点検で異常を発見したら、すぐに上司に報告します。いつもと違う音やにおいがしたり、ランプが点滅したり、ガタガタと振動するなど、小さなことでも異常があれば、必ず報告しましょう。

上司の指示により修理が終わったら、安全を確認してから、作業を開始するようにします。

13. 異常があれば，止める・呼ぶ・待つ

機械からいつもと違う音がしたり，警告ランプが点滅したら，機械を止めます。そして上司を呼んで報告し，指示を待ちます。

止める・呼ぶ・待つが原則です。

どんなに急いでいても，自分で直そうとしてはいけません。

14. 電気は怖い。感電注意

電気は目に見えません。だからこそ要注意。
電気が通っているところには，決して触れてはいけません。
スイッチの操作も，濡れた手で行ってはいけません。
異常があれば，すぐに上司に報告しましょう。

15. 有害物はルールを守って取り扱う

有機溶剤や粉じんなどの有害物を吸い込んだり，手に付くと病気になってしまいます。
　取り扱うときには必ず保護具を着用し，決められたルールを守って作業を行わなければなりません。

16. 健康診断は必ず受けよう

　職場では，1年に1回の定期健康診断のほか，有害な化学物質の取扱作業などの作業を行う人のために，特殊健康診断が行われます。
　病気は早く見つければ早く治療できます。長く健康に働くために，決められた健康診断を必ず受けましょう。

健康診断で異常があるといわれました。

Khi đi khám sức khỏe, tôi bị phát hiện có dấu hiệu không bình thường, nên đến đây.

ကျန်းမာရေးဆေးစစ်ချက်မှာ မူမမှန်တဲ့ အနေအထားတွေ့ရှိလို့ လာခဲ့တာပါ။

किनभने स्वास्थ्य परीक्षणमा असामान्य कुरा भेटिएको थियो ।

ព្រោះការពិនិត្យសុខភាពបង្ហាញភាពមិនប្រក្រតី។

17. 災害を発見したら，まずまわりに知らせる

　労働災害が発生してしまったら，まずは一呼吸して心を落ち着かせます。
　そして，大きな声でまわりに知らせるとともに，上司に報告して，指示を受けましょう。

18. 救助は安全を確保してから

倒れている人を発見しても，あわてて駆け寄ってはいけません。酸素欠乏症や感電災害などでは，救助者も災害にあう危険があります。
救助は安全を確保してから行うことが鉄則です。

19. ストレスには早めのケアを

心の疲れ（ストレス）がたまると，イライラしたり，不安になったり，眠れなくなったりと，心や身体の病気になってあらわれます。

いつもと違うなと感じたら，遠慮せずに上司や同僚，家族や友人に相談しましょう。

話すことで気持ちが楽になったり，有効なアドバイスを得られたりすることもあります。

気分が落ち込んで、ゆううつなの。
Tôi thường hay có cảm giác chán nản, và bị trầm uất.
စိတ်ထဲမှာလေးလံထိုင်းမှိုင်းပြီး ဘာမှလုပ်ချင်ကိုင်ချင်စိတ်မရှိဘူး။
मलाई उदास र न्यास्रो लाग्छ ।
ខ្ញុំមានអារម្មណ៍កើតទុក្ខក្រៀមក្រំ និងស្រងេះស្រងោចៗ។

20. わからないときは「わかりません」

上司の指示を受けたり，同僚と話しているときに，日本語がよくわからなかったり，理解できなかったりしたときは，「わかりません」といいましょう。わからないままでは，ケガをしてしまうかもしれません。

「わかりません」といえば，きっと，ゆっくりと，わかりやすい言葉で説明してくれます。

やさしい日本語で学ぶ

初めて日本で働く方のための
安全・健康に仕事をする 1

ベトナム語　ミャンマー語　ネパール語　クメール語　対応

令和元年5月28日 第1版 第1刷 発行

編　　者：中央労働災害防止協会
発　行　者：三田村 憲明
発　行　所：中央労働災害防止協会
　　　　　　〒108-0023 東京都港区芝浦3-17-12 吾妻ビル9階
TEL〈販売〉：03 (3452) 6401
　　〈編集〉：03 (3452) 6209
U R L：https://www.jisha.or.jp
イラスト：田中斉
デザイン・印刷：(株)太陽美術

 本書の内容は著作権法によって保護されています。本書の全部または一部を複写(コピー)、複製、転載すること(電子媒体への加工を含む)を禁じます。

乱丁・落丁本はお取り替えいたします　© JISHA2019
ISBN978-4-8059-1878-4　C3060　¥500E
21602-0101　定価(本体500円+税)

好評発売中

やさしい日本語で学ぶ
**初めて日本で働く方のための
安全・健康に仕事をする 2**
中国語　タガログ語　インドネシア語　タイ語　対応

定価(本体500円+税)
21603-0101
ISBN978-4-8059-1879-1　C3060